Inhalt

Big Pharma - Bewegung an der Weltspitze des Medikamentengeschäfts

Kernthesen

Beitrag

Fallbeispiele

Zahlen und Fakten

Weiterführende Literatur

Impressum

Big Pharma - Bewegung an der Weltspitze des Medikamentengeschäfts

Autor GENIOS BranchenWissen: A.Schneider

Kernthesen

- Pfizer, der langjährige amerikanische Weltmarktführer im Pharmageschäft, will seine Forschung und Entwicklung im bisherigen Kerngeschäft mit Herz-Kreislauf-Mitteln stark einschränken und u.a. auf die Krebsforschung setzen.
- GlaxoSmithKline kooperiert mit Biotechunternehmen, um die Produktpipeline zu füllen und verkündete die Zusammenarbeit mit der deutsch-britischen Cellzome.
- Um Zugang zu den stark wachsenden osteuropäischen Märkten zu gewinnen,

brachte Sanofi-Aventis endlich die Übernahme des tschechischen Generikaherstellers Zentiva unter Dach und Fach.
- Als starker Verfolger lauert der Schweizer Roche-Konzern, der Pionier der Bewegung Big Pharma sucht Biotech, der nun alles daran setzt, seine Tochter Genentech komplett zu übernehmen.

Beitrag

Die oft als träge gerügte Weltspitze der Pharmaindustrie setzt sich in Bewegung. Um im Wettbewerb weiter vorn bleiben zu können, werden F&E-Strategien geändert, Kooperationen mit Biotechunternehmen geschlossen, Generikahersteller übernommen und Firmenchefs ausgetauscht.

Die drei größten Pharmaunternehmen der Welt gemessen am Umsatzvolumen ihrer Pharmasparte sind die amerikanische Pfizer, die britische GlaxoSmithKline und die französische Sanofi-Aventis. Auf Rang vier liegt Roche, der geschickte Verfolger aus der Schweiz. [Abb.1]

Weltmarktführer Pfizer zieht sich aus Forschung & Entwicklung für Herz-Kreislauf-Erkrankungen zurück und investiert in Onkologie

Weltmarktführer im Pharmageschäft ist der amerikanische Anbieter Pfizer. Den Hauptsitz hat das Unternehmen in New York. Die Deutschlandzentrale mit rund 500 Beschäftigten zog vor kurzem um von Karlsruhe nach Berlin und befindet sich dort nun in Gesellschaft mit seinen Mitbewerbern Sanofi-Aventis und Bayer Schering Pharma.

Der forschende Arzneimittelhersteller steht seit etlichen Jahren unangefochten an der Spitze der Branche. Noch hat der Branchenprimus den größten Marketingetat der Branche, die größte Außendienstmannschaft und die stärkste Forschungs- und Entwicklungsabteilung mit acht Milliarden Dollar Jahresbudget. Doch die Luft wird allmählich dünner.

Seit geraumer Zeit schon drückt der Konzern auf die Kostenbremse. Anfang 2007 machte Pfizer negative Schlagzeilen, als er im Zuge einer Umstrukturierung über 10 Prozent seiner Mitarbeiter entließ. 2007 wurden rund 600 Millionen Dollar eingespart, im ersten Halbjahr 2008 weitere 635 Millionen Dollar. Bis zum Ende dieses Jahres sollen es insgesamt zwischen 1,5 und zwei Milliarden Dollar sein.

Pfizers spektakulärstes und vermutlich bekanntestes Produkt ist Viagra. Die Potenzpille wurde weltweit insgesamt 1,8 Milliarden mal verkauft. Vor zehn Jahren kam sie auf den deutschen Markt. Allein in Europa wurden 2007 rund 14 Millionen Fälschungen sichergestellt.

Hohe Forschungskompetenz hat Pfizer bei den Herz-Kreislauf-Erkrankungen aufgebaut. Sein umsatzstärkstes Produkt ist der Cholesterinsenker Lipitor. Es trug mit einem Umsatz von 12,7 Milliarden Dollar im vergangenen Jahr mehr als ein Viertel zum Konzernumsatz bei. Doch sein Patent läuft 2011 aus. Generika, also günstigere Nachahmerprodukte anderer Hersteller, werden einen großen Teil des bisherigen Umsatzes des Markenprodukts übernehmen. Das als Ersatz geplante Produkt Torcetrapib wurde Ende 2006 gestoppt, nachdem es in Patiententests zu unerwünschten Nebenwirkungen und Todesfällen gekommen war. Vor knapp einem Jahr kündigte das Unternehmen an, auch das Geschäft mit dem einst hoch gehandelten Inhalationsinsulin Exubera aufzugeben.

Pfizer teilte jetzt mit, dass der Konzern neuere Forschungs- und Entwicklungsprojekte im Bereich der Herz-Kreislauf-Erkrankungen weitgehend einstellen werde. Nur noch weit fortgeschrittene Projekte, wie das gemeinsam mit Bristol-Myers Squibb entwickelte Thrombose-Medikament Abixaban, sollen weiter geführt werden. Auch aus der Forschung nach Medikamenten von Knochenerkrankungen oder Fettleibigkeit will sich Pfizer zurückziehen. Das Unternehmen wird sich zukünftig auf Gebiete wie Krebs und Alzheimer fokussieren, in denen es noch an wirklich bahnbrechenden Medikamenten mangelt. Das Marktforschungsinstitut IMS Health erwartet, dass der Weltmarkt für Krebsmedikamente in den nächsten Jahren um jeweils 12 bis 15 Prozent zulegt und damit etwa doppelt so schnell wie der gesamte Pharmamarkt wächst.
Eine mutige Entscheidung, denn bisher hat Pfizer in der Onkologie-Forschung zwar mit dem Medikament Sutent erste Erfolge erzielt, aber bis neue Umsatzträger à la Lipitor entwickelt und im Produktportfolio sind, muss der Konzern entweder noch viel forschen oder rasch zukaufen. So munkelt man in der Branche bereits, dass Pfizer das Biotechnologieunternehmen Erbitux kaufen will. Pfizers neue Wachstumsstrategie richtet sich regional auf die Märkte in Asien, Osteuropa und Südamerika aus. Dort sind die Absatzchancen für bezahlbare

Markenprodukte noch höher. (1), (2), (3)

Europäischer Marktführer GlaxoSmithKline setzt auf strategische Allianzen mit Biotechfirmen

Die Nr. 2 auf dem Weltmarkt und Europas Nr. 1 ist der britische Konzern GlaxoSmithKline, London. Die deutsche Pharma-Zentrale ist in München; der Konzern hat u.a. eine Repräsentanz in Berlin und produziert in Dresden und Bad Oldesloe.

Dem privaten Verbraucher dürfte das Unternehmen insbesondere über die Mundpflege-Marken Odol®, Dr. Best®, Sensodyne® bekannt sein. Doch GlaxoSmithKline erforscht, entwickelt und produziert Medikamente gegen Asthma, HIV/Aids, Malaria, Depression, Migräne, Diabetes, Krebs und vieles mehr. Das Unternehmen stellt mehr als 25 Impfstoffe her, um gegen Krankheiten wie Hepatitis A und B, Diphterie, Tetanus, Keuchhusten, Typhus und Grippe zu schützen.
GSK ist neben Merck eine der beiden Firmen, die einen Impfstoff zur Immunisierung gegen Gebärmutterhalskrebs entwickelt und auf den Markt

gebracht haben. Die Impfung wird für Mädchen zwischen 12 und 17 Jahren von den Krankenkassen bezahlt. Die Entdecker der Papillomviren, die den Gebärmutterhalskrebs auslösen, wurden jetzt mit dem Medizinnobelpreis ausgezeichnet. Einer der Preisträger ist der deutsche Professor Emeritus Harald zur Hausen.

Ein weiterer Impfstoff von GlaxoSmithKline erregt derzeit Aufmerksamkeit, nämlich ein Impfstoff gegen die insbesondere bei Kleinkindern oft tödlich verlaufende Malaria. Er wird seit 1987 entwickelt, befindet sich jetzt in der Phase II einer Impfstudie und bringt offenbar gute Erfolge: Jedes dritte der mehr als zweitausend Kinder im Alter von einem bis vier Jahren, die den Impfstoff (RTS,S) in Moçambique erhalten hatten, blieb in den folgenden anderthalb Jahren von Malaria verschont. In einer weiteren Erprobung mit gut zweihundert afrikanischen Kleinkindern im Alter bis zu achtzehn Wochen blieben nach einer dreimaligen Impfung in den folgenden drei Monaten zwei Drittel frei von Malaria. Auch die Zahl der schweren Fälle war reduziert.

Um die Produktpipeline zu füllen, setzt GlaxoSmithKline auf die Strategie, das eigene Portfolio durch Lizenzen und Forschungsallianzen zu ergänzen. Dazu kooperiert die Gruppe vor allem mit Biotechfirmen. In den letzten eineinhalb Jahren wurden mehr als 14 Milliarden Dollar investiert. Kooperationen wurden mit den Biotechfirmen Genmab, Santaris und Galapagos geschlossen. Im Juli besiegelte GSK mit der Schweizer Firma Actelion den mit einem Gesamtvolumen von rund zwei Milliarden Euro bisher größten Lizenzdeal in der Biotechbranche. Deren neuartiges Schlafmittel Almorexant, das sich derzeit in der abschließenden Testphase der klinischen Entwicklung befindet, soll gemeinsam entwickelt und bei Erfolg später vertrieben werden. Das Mittel könnte künftig Umsätze von rund 1,5 Milliarden Dollar bringen.

Vor einigen Tagen teilte Glaxo erneut eine Biotechkooperation mit. Mit dem deutsch-britischen Biotechunternehmen Cellzome soll bei der Entwicklung neuer Medikamente gegen Entzündungskrankheiten wie etwa rheumatische Arthritis zusammengearbeitet werden. In Abhängigkeit vom Entwicklungserfolg sollen bis zu 1,5 Milliarden Dollar fließen. (4), (5), (6), (7)

Sanofi-Aventis tauscht Führungsspitze aus und setzt auf Osteuropa

Der Dritte auf dem Treppchen ist der französische Pharmakonzern Sanofi-Aventis, Paris. Im Industriepark Höchst bei Frankfurt befindet sich der Sitz von Sanofi-Aventis in Deutschland. Hier sind rund 8 000 Mitarbeiter in Forschung & Entwicklung, Produktion & Fertigung und Verwaltung beschäftigt. Sanofi-Aventis ist in den medizinischen Kernbereichen Diabetes/Stoffwechsel, Herz-Kreislauf, Thrombose, Zentrales Nervensystem, Innere Medizin, Onkologie, Prävention durch Impfstoffe tätig. Doch der Konzern durchläuft gerade eine Krise. Patentabläufe und Zulassungsprobleme gefährden die Produktpalette und damit die künftigen Erlöse. Bis 2012 wird, gemessen am Umsatz, etwa ein Drittel der Produkte den Patentschutz verlieren, darunter das Thrombosemittel Lovenox und der Blutverdünner Plavix. Rund neun Prozent des Umsatzes stehen auf dem Spiel. Aus der Forschung & Entwicklung kommt zu wenig nach. Der einzige Hoffnungsträger der letzten fünf Jahre war das Schlankheitsmittel Acomplia. Mehrere Milliarden Dollar sollte es pro Jahr bringen. Doch 2007 schob die amerikanische Zulassungsbehörde einen Riegel vor und verweigerte die Zulassung als Diätpille, da sich durch Acomplia psychische Störungen verstärken könnten.

An der Unternehmensspitze kommt es zu einem Führungswechsel. Der einstige Entwicklungschef Gérard Le Fur muss abtreten und zum ersten

Dezember Platz machen für Chris Viehbacher, den ehemaligen Nordamerikachef vom Wettbewerber GlaxoSmithKline. Der Strippenzieher im Hintergrund, Firmengründer Jean-François Dehecq, bleibt noch an der Spitze des Verwaltungsrats, steht jedoch aufgrund seiner Firmenpolitik und missglückten Nachfolgeregelung stark in der Kritik. Und weitere Personalentscheidungen stehen an: Das Unternehmen will offenbar zwischen 800 und 1 000 Stellen streichen.

Mit dem klassischen Pharmageschäft allein wird man sich kaum mehr an der Weltspitze behaupten können, das ist klar. Daher hat der Verwaltungsrat des Konzerns beschlossen, die Unternehmensstrategie in Richtung Diversifikation umzustellen und künftig verstärkt Wachstumschancen in anderen Segmenten des Gesundheitsmarktes zu suchen. Teil der Strategie ist es, sich einen Zugang zu den stark wachsenden osteuropäischen Märkten zu schaffen. Dort sind die Einkommen niedrig, und daher spielen Generika, also preiswerte Nachahmerprodukte, eine bedeutende Rolle. Die nach monatelangem Hin und Her endlich unter Dach und Fach gebrachte Übernahme des tschechischen Generikaherstellers Zentiva durch Sanofi-Aventis ist unter diesem Aspekt zu bewerten. (8), (9)

Roche arbeitet daran, Biotech-Tochter Genentech komplett zu übernehmen

Das Baseler Pharmaunternehmen Roche ist momentan auf dem vierten Platz der Weltrangliste. Doch das könnte sich in einigen Jahren ändern. Branchenexperten des Marktforschungsinstituts EvaluatePharma sehen Roche in sechs Jahren an der Spitze, während hingegen Pfizer auf Rang sechs zurückfallen könnte. Roche ist in einer komfortablen Position: kaum Schulden, eine gefüllte Produktpipeline und kaum Medikamente, die von Patentausläufen bedroht sind.

Roches Firmenstrategen stellten vor Jahren geschickt die richtigen Weichen. Sie setzten schon sehr früh auf die Biotechnologie und vereinbarten 1990 eine umfangreiche Partnerschaft mit dem US-Biotech-Unternehmen Genentech. Dadurch kamen innovative Biopharmazeutika in ihr Produktportfolio, die nur sehr schwer zu kopieren sind und Roche bereits heute große Umsätze bringen.

So erlöste das Krebsmedikament Avastin im vergangenen Jahr 2,5 Milliarden Euro (+41 Prozent!) und trägt fast zehn Prozent zum Umsatz von Roches

Pharma-Bereich bei. 2014 wird Avastin das weltweit umsatzstärkste Medikament sein, so die Experten von EvaluatePharma. Ebenfalls ein Erfolgsprodukt ist Herceptin, ein Medikament gegen Brustkrebs, das im vergangenen Jahr fast drei Milliarden Euro Umsatz brachte. Im Juli dieses Jahres erhielten die Schweizer die US-Zulassung für Actemra, ein Medikament gegen rheumatoide Arthritis, dessen Umsätze Experten bei bis zu 2,9 Milliarden Euro im Jahr 2012 sehen. Große Chancen werden auch dem Diabetes-Medikament R1583 und dem Brustkrebsmittel Pertuzumab eingeräumt, die aber erst in einigen Jahren auf den Markt kommen werden.

Momentan arbeitet Roche daran, die Tochter Genentech komplett zu übernehmen. Roche besitzt derzeit 55,9 Prozent Anteile an Genentech. Mit rund 44 Milliarden Dollar ist dies einer der größten Übernahmeversuche in der Geschichte der Pharmaindustrie. (10), (11)

Fazit

Die Weltspitze der Pharmabranche poliert ihre Firmenstrategie auf. Sie investieren in die Biotechnologie, woraus eine Reihe von F&E-Allianzen und Firmenübernahmen resultieren. Gleichzeitig diversifizieren sie in das Geschäft mit patentfreien Nachahmerprodukten (Generika), bauen das Geschäft in Schwellenländern wie China oder Russland und in wachstumsstarken osteuropäischen Ländern aus.

Fallbeispiele

Genentech

die US-Biotech-Tochter von Roche, hat im dritten Quartal 2008 ihren Umsatz um 17,3 Prozent auf 3,41 Milliarden Dollar und damit stärker als erwartet gesteigert. Das starke Wachstum verdankt das Unternehmen vor allem den drei wichtigen Krebsmitteln, dem neueren Avastin wie den seit längerem eingeführten Medikamenten Mabthera/Rituxan und Herceptin. Nur das Programm zur Mitarbeiterbindung, das angesichts der angestrebten vollständigen Übernahme durch Roche lanciert worden war, drückte auf den Gewinn. (12)

Die im Privatbesitz befindliche Biotechfirma **Cellzome** mit Niederlassungen in Heidelberg und

Cambridge ging im Jahr 2000 aus einem Spin-off des Europäischen Molekularbiologischen Laboratoriums in Heidelberg hervor. Cellzome hofft, dass mit seiner Technologie eine neue Klasse von Medikamenten zur Behandlung von Krankheiten wie rheumatoide Arthritis entstehen könnte. GlaxoSmithKline hat sich von Cellzome die exklusive Option gesichert, Medikamentenkandidaten in sieben Projekten einzukaufen. Pro Programm kann Cellzome von Glaxo erfolgsabhängige Zahlungen von bis zu 118 Millionen Pfund (rund 208 Millionen Dollar) erhalten sowie eine Beteiligung an möglichen späteren Umsätzen.

Zahlen & Fakten

Top Pharmaunternehmen 2007-2008

Rang	Unternehmen mit Sitz	Pharma-umsatz in Milliarden Dollar	Gesamt-umsatz in Milliarden Dollar	Ertragsprognose für 2008 * in Prozent
1	Pfizer, USA	44,60	48,60	9,00
2	Glaxo SmithKline, Großbritanni	38,50	45,40	-5,00
3	Sanofi-Aventis, Frankreich	38,40	38,40	7,00
4	Roche, Schweiz	30,60	38,40	mindestens wie im Vorjahr
5	Astra-Zeneca, Großbritannien	29,60	29,60	6,00
6	Johnson & Johnson, USA	24,90	61,10	4,00
7	Merck & Co, USA	24,20	24,20	4,00
8	Novartis, Schweiz	24,00	38,10	neues Rekordergebnis
9	Eli Lilly, USA	18,70	18,70	11,00
10	Wyeth, USA	18,60	22,40	-3,00

* Angaben der Unternehmen   GBI-Genios Grafik

Quelle: Handelsblatt

Entnommen aus: Gruner und Jahr Branchenbild Gesundheitsmarkt, 19/2008, S. 13

Weiterführende Literatur

(1) Pharmakonzerne geben Stammgeschäft verloren Forschung für Herzmedikamente und Cholesterinsenker drastisch reduziert · Branche überlässt ganze Segmente den Generikaherstellern aus Financial Times Deutschland vom 02.10.2008, Seite 8

(2) Pfizer wagt einen radikalen Einschnitt aus Frankfurter Allgemeine Zeitung, 01.10.2008, Nr. 230, S. 23

(3) Pfizer schränkt Forschung ein Pharmakonzern fokussiert sich auf Spezialmärkte · Generika drücken Umsatz · Marktumfeld trübt sich ein aus Financial Times Deutschland vom 01.10.2008, Seite 8

(4) Entdecker des Krebsvirus wird nobel geehrt Harald zur Hausen erforscht, dass ein Virus Gebärmutterhalskrebs auslösen kann - und bekommt den Nobelpreis aus taz, 07.10.2008, S. 9

(5) Hoffnungsschimmer im Kampf gegen Malaria
aus Frankfurter Allgemeine Zeitung, 15.10.2008, Nr. 241, S. N1

(6) Glaxo stärkt Geschäft mit Biotech Konzern investiert massiv in neue Kooperation
aus Financial Times Deutschland vom 11.09.2008, Seite 6

(7) Big Pharma sucht Biotech
aus Handelsblatt Nr. 194 vom 07.10.08 Seite 14

(8) Vom Jäger zum Gejagten
aus Börsen-Zeitung, 27.09.2008, Nummer 188, Seite 8

(9) Sanofi zahlt mehr für Generikafirma
aus Handelsblatt Nr. 185 vom 23.09.08 Seite 16

(10) In der Schwebe
aus Handelsblatt Nr. 195 vom 08.10.08 Seite 14

(11) Schömann-Finck, Clemens, Roche. Arznei fürs Depot, FOCUS-MONEY, 24.09.2008, Ausgabe 40, S. 022-023
aus Handelsblatt Nr. 195 vom 08.10.08 Seite 14

(12) Genentech überrascht mit starkem Umsatzanstieg Hohe Kosten für Mitarbeiterbindung - Aktie steigt
aus Börsen-Zeitung, 16.10.2008, Nummer 200, Seite 11

Impressum

Big Pharma - Bewegung an der Weltspitze des Medikamentengeschäfts

Bibliografische Information der deutschen Nationalbibliothek

Die Deutsche Nationalbibliothek verzeichnet diese Publikation in der deutschen Nationalbibliografie; detaillierte bibliografische Daten sind im Internet über http://dnb.d-nb.de abrufbar.

ISBN: 978-3-7379-2752-9

© 2015 GBI-Genios Deutsche Wirtschaftsdatenbank GmbH, Freischützstraße 96, 81927 München, www.genios.de

Alle Rechte vorbehalten. Dieses Werk ist einschließlich aller seiner Teile – z.B. Texte, Tabellen und Grafiken - urheberrechtlich geschützt. Jede Verwertung außerhalb der Grenzen des Urheberrechtsgesetzes bedarf der vorherigen Zustimmung des Verlags. Dies gilt insbesondere auch für auszugsweise Nachdrucke, fotomechanische

Vervielfältigungen (Fotokopie/Mikroskopie), Übersetzungen, Auswertungen durch Datenbanken oder ähnliche Einrichtungen und die Einspeicherung und Verarbeitung in elektronischen Systemen.